L'IMPRIMERIE

A BERNAY

DEPUIS SON ETABLISSEMENT
JUSQU'EN 1883

PAR E. VEUCLIN

BERNAY
Imprimé par V. E. Veuclin
EN L'AN 1889

A Monsieur Léopold Delisle
Hommage respectueux de l'auteur
E. Veuclin

L'IMPRIMERIE

A BERNAY

DEPUIS SON ETABLISSEMENT JUSQU'EN
1879

PAR E. VEUCLIN

A BERNAY
DE L'IMPRIMERIE VEUCLIN, PELAGE ET DULUD

1879

ORIGINE DE

L'IMPRIMERIE A BERNAY

Le document suivant modifie tant soit peu ce que nous avons publié sur les premiers imprimeurs bernayens.

Le 30 septembre 1793, deuxième de la République françoise une et indivisible, s'est présenté à la séance du soir du Conseil général en permanence à Bernay, le citoyen Nicolas Etienne Phillipes (1), lequel nous a déclaré *établir une imprimerie* dans cette ville, et a prêté entre nos mains le serment de maintenir la Liberté et l'Egalité, d'être fidèle à la Loi et à la République, et de ne rien imprimer qui leur soit contraire. Pour quoi lui avons permis d'exercer son art, en se conformant aux loix y relatitives, le procureur de la commune entendu. et du consentement des citoyens Bréant, Mutel, Desbordeaux, Hardy et Beautier, officiers municipaux, et Le Bertre fils, Bucaille et Malherbe, notables, ce que ledit Phillippes a signé avec nous.

Le déclarant signe : PHILIPPE LE JEUNE.

Nicolas Etienne Philippes (de la Londe) s'associa immédiatement avec son frère aîné, Louis Gilles (2), pour l'exploitation

---

(1) Il était âgé d'environ 27 ans ; c'était un érudit, car le même registre rapporte que, le 29 brumaire an II (19 novembre 1793), il déposa à la maison commune, pour être brûlées, ses Lettres de Bachelier et Licentié.

(2) Agé d'environ 35 ans, Philippes l'aîné vivait de son bien. Le 9 août 1794, un sieur Philippe-Lalonde, mis en prison, d'après un décret, reclame l'assistance de la Société populaire qui obtient son élargissement. Est-celui-là ?

L'IMPRIMERIE A BERNAY

I

IMPRIMERIE

L'Imprimerie, cet art si merveilleux, inventé, croit-on, par le mayençais Gutenberg vers 1438, fut importé à Paris vers 1470, et à Lyon vers 1473.

En Normandie, la ville de Caen qu'on a justement appelée l' " Athènes normande, " fut la première cité qui ouvrit ses portes à l'art nouveau, et dès l'an 1480, Jacques Durandas et *Egidius* Quijoue y installaient leur presse (1).

Ce fut également vers 1480 que les Lal-

---

(1) On ne connaît qu'un seul ouvrage, les *Epîtres d'Horace*, imprimé en latin par ces imprimeurs « faisant sans doute partie de ces artis- « tes voyageurs qui, dans le xve siècle, « parcouraient la France et l'Etranger pour ré- « pandre les lumières de l'imprimerie. » (E. Frère, *Manuel du bibliographe normand*. — Rouen, 1858-1860. t. I p. 410, et t. II p. 430).

lemant créèrent une imprimerie à Rouen (1).

Notre arrondissement peut s'enorgueillir d'avoir possédé, peu après les deux capitales normandes, l'invention de celui que Lamartine a appelé « le mécanicien d'un nouveau monde ; » on a en effet la preuve que, dans une petite paroisse située à quelques lieues de Bernay, à Goupillières, il existait, à la fin du xve siècle, une imprimerie dirigée par le curé du lieu, et on a retrouvé plusieurs cahiers d'un petit livre d'heures sur le dernier feuillet duquel on lit cette suscription (2) :

Ces presentes heures furent imprimées a Goupillères, le viij[e] jour de may, lan mil quatre cens quatre vingts et unze, par honorable homme messire Michel Andrieu, prestre.

Au xve siècle, trois localités seulement

(1) Nous avons sauvé de la destruction une précieuse collection de titres authentiques concernant l'introduction de l'imprimerie à Rouen par les Lallemant. Cette famille, jusqu'à la fin du xviiie siècle, a fourni une suite non interrompue d'imprimeurs, de savants et de citoyens distingués. Une partie de ces documents est actuellement entre les mains d'un fils d'imprimeurs Rouennais distingués, M. A. Baudry.

(2) Ces feuillets furent découverts, en 1863, dans une ancienne reliure d'un manuscrit de la Bibliothèque nationale. (*Bulletin de la Société des Antiquaires de France*, 1863, 1er trim., p. 56. — *Almanach-Annuaire de l'Eure*, 1864, p. 67.)

en Normandie avaient donc adopté l'imprimerie.

Les autres villes qui suivirent d'assez loin sont : au XVIe siècle, Alençon, 1530 ; Pont-Audemer, 1533 ; Dieppe, 1565 ; Avranches, 1590 ; et Coutances, 1597.

Au XVIIe siècle, le nombre s'augmenta de : Pontorson, 1600 ; Evreux, 1601 ; Honfleur, 1606 ; Lisieux, 1608 ; Bayeux, 1628 ; Saint-Lô, 1656 ; Vire, 1660, et un second établissement à Honfleur, en 1670.

Lisieux, chef-lieu d'un évêché important d'où dépendait Bernay, eut, pendant près de deux siècles, le monopole des impressions de cette dernière ville et des localités environnantes, car l'imprimerie ne fut introduite dans la vieille cité bernayenne qu'à la fin du XVIIIe siècle.

Cette lacune est pour nous une énigme historique dont nous cherchons en vain le mot, énigme d'autant plus étrange que l'origine de la ville de Bernay est aussi ancienne que celle des localités que nous avons énumérées plus haut, puisqu'au XIe siècle elle est citée comme lieu important, chef-lieu de pays, ayant marchés et foires (4). Au XVIe siècle, « ce lieu était « aussi populeux que les villes d'Evreux « et Lisieux, et dix fois plus grand que « Conches ne Pacy (2). » De plus, son

(2) Charte de fondation de l'Abbaye de Bernay (1027).

(3) Mémoire de 1547. — A. Canel, *Quelques documents pour servir à l'histoire de Bernai*, 1840.

industrie de frocs et de toiles était fort ancienne, importante et renommée ; Bernay était en outre, chef-lieu d'une vicomté, d'une élection, de deux baillages; il y avait un grenier à sel, un gîte d'étape, un entrepôt de tabac, une direction des aides, une administration communale qui remontait fort loin, une riche abbaye et quatre autres monastères. Bernay, ce " pays de sapience ", avait un collége et plusieurs écoles (1) ; comment donc se fait-il que la patrie d'Alexandre le poète, de Gabriel Dumoulin l'historien, de Le Vavasseur, de Le Michel et de tant d'autres littérateurs, artistes et hommes remarquables par leur savoir ; comment se fait-il, disons-nous, que cette ville n'ait pas accepté plus tôt l'imprimerie à la-

---

(1) Dans le registre des visites d'Eudes Rigaud, il est question, en 1254, d'écoliers pauvres à qui les Bénédictins faisaient l'aumône tous les jeudis ; il y avait donc au XIIIe siècle des écoles tenues par les moines.

Vers 1640, s'établirent des Augustines ou *Dames de la Comté*, qui s'occupaient de l'instruction gratuite des filles.

En 1680 fut fondé l'ancien collége de Sainte-Croix, dirigé par des prêtres, et qui subsista jusqu'à la Révolution.

En 1700, il y avait de petites écoles sur la paroisse de la Couture.

En 1742, le maître d'école payé par la ville touchait 40 livres pour ses gages annuels.

Enfin, en 1745, un curé de la Couture fonda une école charitable pour les garçons pauvres.

La ville de Bernay méritait donc bien ce titre de « pays de sapience » que lui donne l'auteur d'un mémoire historique rédigé en 1765.

quelle elle pouvait offrir tant d'éléments de succès ?

L'introduction de l'art de Gutenberg dans notre vieille cité adoptive ne remonte qu'à 87 années seulement ; c'est un des bienfaits de la révolution de 1789 qui, en débarrassant la presse des lourdes entraves et des odieuses persécutions dont elle fut constamment victime (1), fit surgir de tous côtés ces imprimeries qui répandirent dans le monde entier les innombrables écrits qui secondèrent si efficacement la grande œuvre de l'émancipation du peuple français (2).

Bernay, cependant, ne profita pas immédiatement de cette liberté.

Un nouveau sujet d'étonnement pour nous est de constater que le Tiers-Etat de la ville ne formula, dans ses cahiers de doléances, aucun vœu à l'égard de la presse (3), et que le décret de l'Assemblée nationale permettant à tout citoyen « de parler, d'écrire et d'imprimer librement »

---

(1) Voir à ce sujet le savant rapport de M. Anatole de la Forge sur l'*Histoire de la liberté de la Presse*. — (*Journal officiel* des 1, 2, 3 et 4 mai 1879).

(2) Les villes normandes qui doivent à la Révolution l'établissement de l'Imprimerie dans leurs murs sont : Gournay-en-Bray, 1790 ; Andely, 1791 ; Neufchâtel, 1794 ; Gisors, 1795, etc.

(3) Seuls dans la contrée, les habitants de Broglie demandent dans leur cahier : « La liberté de la Presse, déterminée par une loi qui en réprime néanmoins les abus. » (Hippeau, le *Gouvernement de Normandie*.— 1867, t. IV, p. 484.)

ne reçut pas immédiatement son application dans cette ville ; malgré le patriotisme et l'esprit démocratique de la population, il ne se trouva personne pour profiter des immenses avantages offerts à la presse.

PREMIERS IMPRIMEURS

Ce ne fut qu'en 1792 qu'un bourgeois notable de Bernay, nommé Louis-Gilles PHILIPPES DELALONDE « l'aîné », ancien marchand de toiles (1) et garde d'honneur du duc d'Harcourt-Beuvron (2), fonda, conjointement avec son frère PHILIPPES DELALONDE « le jeune », une petite imprimerie qui fut plutôt une affaire commerciale qu'une œuvre morale destinée à compléter l'éducation civique des Bernayens, car cette imprimerie ne servit

---

(1) Le père des imprimeurs, nommé Gilles Philippes de la Londe, était marchand ; il fut échevin de la ville en 1754 et 1757 ; en 1781, il demeurait paroisse de Sainte-Croix, et fut préposé au bureau de vente des toiles, draperies et tanneries de l'arrondissement de Bernay et de Beaumont-le-Roger. Nous trouvons aussi un Jean-Jacques Philippes Delalonde, ancien gendarme du Roi, signataire des cahiers de 1789. Cette honorable famille qui a fourni plusieurs magistrats distingués, est actuellement représentée par MM. Philippes-Delalonde frères, dont l'un est vérificateur de l'enregistrement à Bernay, et l'autre adjoint au maire.

(2) Il avait reçu son brevet le 8 juillet 1781.

qu'à exécuter les nombreux travaux typographiques nécessités par la multitude de lois et d'arrêtés que les administrations de Bernay, nouvellement créées, étaient obligées d'adresser à toutes les municipalités du district.

Les archives municipales possèdent un grand nombre de travaux des frères PHILIPPES ; ceux qui n'ont qu'un feuillet ne portent point de signatures ; quant aux autres, ils ont, au bas du dernier feuillet, cette mention :

« A BERNAY, de l'imprimerie de PHILIPPES frères, Imprimeurs du District. »

L'exécution de ces imprimés, relativement soignée, nous permet de croire que les frères Philippes s'étaient adjoint un ouvrier connaissant parfaitement tous les secrets de la profession qu'ils devaient ignorer.

Leur matériel, ni nombreux ni varié, se composait simplement, pour les travaux courants, de deux sortes de caractère romain, ayant chacun leur italique, correspondant à peu près aux 10 et 12 points actuels.

Quant aux caractères d'affiches, ils étaient des plus restreints : une police de 16 et de 24 points romain avec italique pour le texte ; pour les gros titres, une collection de capitales larges de 32 points, une de penchées larges de 48, plus une de larges de 7 cicéros environ.

Ces caractères devaient, sans nul doute,

sortir des fonderies rouennaises alors renommées. (1)

Après une association qui dura environ quatre années, les frères Philippes, pour une cause que nous ignorons, se séparèrent, et Philippes le jeune emporta la part qui lui revenait du matériel.

En germinal an IV (avril 1796), il n'y avait plus qu'une seule imprimerie dirigée par Philippes-Lalonde l'aîné.

Cet imprimeur ne s'occupa point de l'impression de livres ; son établissement était, comme nous l'avons dit, une affaire de calcul et d'intérêt ; aussi, lisons-nous dans un titre du 28 germinal an IV (17 avril 1796), relatif aux mesures répressives à prendre contre la presse : « Il « n'existe à Bernay qu'un imprimeur. Il « chérit la tranquillité de son païs et la « sienne ; il ne sera point dans le cas de « répression (2). »

Philippes-Lalonde resta seul imprimeur pendant quatre ans ; il demeurait dans la rue du Commerce.

*
* *

En l'an VII (vers 1799), un second établissement typographique fut créé par un sieur Jean-Baptiste MORTUREUX qui avait acheté de Philippes, le jeune, la

(1) Voir les savants ouvrages de M. Frère sur l'Imprimerie à Rouen.

(1) Archives municipales. — Registre des arrêtés, série A-A.

part de matériel que ce dernier avait retirée lorsqu'il avait quitté son frère.

Mortureux paraît s'être contenté des types de l'imprimerie primitive, il en augmenta seulement la quantité.

Les travaux administratifs furent alors séparés entre les deux imprimeurs.

Les impressions de Mortureux portent cette signature :

« A Bernay, de l'Imprimerie de J. B. « MORTUREUX, rue du Commerce, vis-« à-vis l'église Ste Croix. »

Pendant les dix années que cet imprimeur exerça, il ne sortit de ses presses aucun livre ni ouvrage littéraires.

Les rigueurs exercées par le premier Consul contre la presse n'amenèrent d'abord aucun changement à Bernay où les deux imprimeries, complètement inoffensives, du reste, continuèrent à fonctionner paisiblement jusqu'en 1810.

Au mois de décembre 1808, Jean-Baptiste Mortureux vendit son établissement à son frère utérin, Dominique Mathieu, dit MORTUREUX jeune.

Napoléon Ier, par un décret du 5 février 1810, ayant limité le nombre des imprimeurs qui durent être pourvus d'un brevet et prêter serment, un état des imprimeurs en activité dans la ville de Bernay fut dressé par l'administration municipale ; nous lisons dans ce document que Philippes-Lalonde, le fondateur de l'imprimerie, avait une presse en activité, et que son assortiment de caractères pouvait en entretenir deux ; la nature de ses travaux consistait dans les impressions des tribunaux civil et de commerce, avis, affiches et papiers de colporteurs; son principal commerce était la quincaillerie et la mercerie ; le revenu annuel de son imprimerie était d'environ 800 francs.

Dominique Mathieu, (dit Mortureux) jeune, possédait aussi une presse, et son assortiment de caractères était plus que suffisant pour en entretenir deux ; il faisait les impressions de la Sous-Préfecture, de la Mairie et de la majeure partie des fonctionnaires publics de l'arrondissement, avis et affiches ; il tenait en même temps la papeterie au détail et les fournitures de bureau. Le revenu annuel de son imprimerie était évalué à 1000 francs, plus 200 fr. pour la vente des papiers, etc.

Il est extrêmement rare, ajoute le rapport, « que les imprimeurs de Bernay « soient chargés d'ouvrages qui rentrent « dans la branche de commerce de la li- « brairie ; ils ne sont, à proprement par- « ler, que des imprimeurs de lettres et « avis ; quoiqu'il en soit, ils exercent « leur profession avec intelligence ; il est « peut-être peu de villes de sous-préfec- « tures où les impressions soient aussi « bien soignées (1). »

Mortureux ayant acheté de nouveaux caractères et un petit assortiment de vignettes, s'appliqua, en effet, à exercer sa profession avec un goût qui dénote

---

(1) Archives municipales, série J.

que cet homme était vraiment désireux de faire revivre les anciennes traditions de l'art typographique.

Pour s'en convaincre, il suffit de jeter les yeux sur les jolies éditions qui sont sorties de ses presses dans les premières années du XIXe siècle, notamment les *Poésies* de Mutel de Boucheville, et quelques ouvrages classiques qui sont exécutés avec un soin et un cachet artistique qui n'ont pas été surpassés ni même égalés depuis.

Louis-Gilles Philippes-Delalonde étant mort peu de temps après, son fils, François Philippes, dit Lalonde (1), bijoutier, voulut continuer la profession de son père, mais il ne le put, car d'après le décret précité, son imprimerie, quoique la plus ancienne, et méritant à tous égards d'être respectée, fut sacrifiée.

Le 2 décembre 1811, l'inspecteur de l'Imprimerie et de la Librairie, résidant à Rouen, se transporta, accompagné du commissaire de police, chez ledit François-Philippes dit Lalonde, imprimeur et bijoutier, rue du Commerce, et lui donna connaissance des ordres à lui transmis par M. le Conseiller d'Etat, directeur général de l'Imprimerie et de la Librairie, sous la date du 22 novembre précédent, desquels ordres il résultait que son impri-

(1) Les variantes dans le nom de cette famille existent, non-seulement dans les titres, mais aussi dans les signatures des Philippes.

merie étant supprimée, il devait sur-le-champ mettre sous le scellé les presses et les caractères dont elle se composait (1).

Le procès-verbal de cette apposition de scellés nous apprend quelle était l'importance du matériel des fondateurs de l'imprimerie (nous ferons remarquer que ce matériel avait été divisé en deux lors de la séparation des frères Philippes, vers 1796). L'inspecteur trouva dans l'atelier de François Philippes : « une presse « (à bras, en bois) ; 14 paires de casses, « et sur les galées et les ais quelques « caractères, d'ailleurs en trop petite « quantité pour former assortiment. » Le sieur Delalonde déclara que la totalité de ses caractères pouvait approximativement peser 270 kilog. Il fut prévenu qu'il pouvait vendre à son gré la presse et les caractères mis sous scellés, mais seulement à des imprimeurs brevetés ; il paraît supposable qu'il traita avec son heureux concurrent qui, seul imprimeur, conservé pour l'arrondissement, reçut son brevet le 5 décembre suivant.

La profession d'imprimeur à Bernay, il y a 70 ans, n'était guère lucrative. Limités aux travaux des administrations, car le commerce n'usait guère alors de publi-

(4) Dès le 25 janvier précédent, chaque imprimeur avait dû faire une déclaration énonçant le nombre de leurs presses et l'inventaire de leur matériel ; plus une seconde déclaration faisant connaître s'ils voulaient conserver ces objets, et quel usage ils prétendaient en faire.

cité, les deux imprimeurs, l'un avec ses 800 francs de revenu, l'autre avec ses 1200, devaient avoir de nombreux loisirs; aussi nous avons vu qu'ils avaient plusieurs cordes à leur arc : l'un était quincaillier-mercier, et l'autre bijoutier ; et même, lorsque Mortureux fut resté seul imprimeur, il cumula les fonctions de secrétaire de la sous-préfecture, puis de la mairie.

Vers 1820, Mortureux paraît s'être associé avec un de ses frères, peut-être Jean-Baptiste,, l'ancien imprimeur; nous trouvons en effet cette signature au bas de travaux typographiques exécutés en 1822 :

« A Bernay, de l'imprimerie de MATHIEU-MORTUREUX frères (1822). »

En 1827, le nom de D. Mortureux apparaît seul ; son établissement fut situé rue du Pont-Ravet, puis rue des Fontaines.

Après son décès, lui succéda, vers 1850, son gendre, Adrien-Alfred Lefèvre.

La veuve de ce dernier dirige actuellement cette ancienne imprimerie dont le nombreux matériel remonte, en partie, à 1834 ; elle possède deux presses à bras et une presse mécanique.

*
* *

Nous avons vu que Bernay qui posséda pendant 19 ans deux imprimeurs dès le début de l'introduction de cette industrie dans ses murs, n'en avait plus qu'une en 1811 ; cet état de choses dura 28 ans, mais lorsque Louis-Philippe eut en partie aboli les entraves qui pesaient sur la presse, une seconde imprimerie fut créee par un Caennais, nommé Adolphe Duval. Sa fille, Mlle Irma Duval, née le 25 juin 1836 et brevetée en 1862, est actuellement la directrice de cette imprimerie, d'où sont sortis des travaux très-soignés, laquelle est pourvue d'une presse à bras et d'une presse mécanique Marinoni.

*
* *

Citons en passant le sieur Chasble-Duval qui, en 1868, acheta une petite machine à imprimer les cartes de visite, dont il fit usage pendant deux ans.

*
* *

Depuis 1871, la profession d'imprimeur étant libre, et non plus assujettie à l'obtention d'un brevet, un sieur Desperrois, papetier, fit successivement l'acquisition de plusieurs petites presses Abat, puis, en 1878, d'une mauvaise presse à bras, de quelques kilog. de caractères, et d'une assez grande collection de lettres en bois pour affiches.

Cette imprimerie, si on peut l'appeler de ce nom, disparut au bout de quelques mois sans avoir rien produit.

*
* *

Enfin, le sieur Ernest-Victor Veuclin, libraire breveté, établi à Bernay au mois d'avril 1871, fit à la Préfecture, en avril

1878, la déclaration de son intention de fonder une imprimerie typographique.

Son établissement fut créé au mois de novembre suivant, en société avec le sieur Henri-Jean-Baptiste Pelage, typographe.

Depuis le 10 février 1879, cette maison s'est adjointe un troisième associé, le sieur Denis-Joseph Dulud, également typographe.

Une presse à bras, une presse mécanique perfectionnée de Marinoni, un matériel entièrement neuf et choisi, permet à "l'Imprimerie nouvelle" de lutter avantageusement avec les deux imprimeries concurrentes.

*
* *

Il nous faut mentionner aussi une imprimerie lithographique fondée vers 1838 par le sieur Taillade auquel a succédé son gendre, Léon Gentilhomme.

*
* *

Sur les cinq cantons de l'arrondissement, celui de Briorne, le plus important, possède seul une imprimerie typographique fondée en 1855 par un Bernayen intelligent, Victor Daufresne, qui a créé un atelier modèle parfaitement monté, et duquel sont sortis des travaux qui révèlent un artiste, véritable disciple de Gutenberg. Cette imprimerie, qui s'augmente annuellement, occupe une presse à bras et une presse mécanique de Marinoni.

L'arrondissement de Bernay, comprenant 66,250 habitants, est donc doté de cinq imprimeries. Peu, en France, en possèdent autant.

II

JOURNAUX

1er Journal

Ce fut en 1824 que parut pour la première fois à Bernay un journal ; l'imprimeur Mathieu, dit Mortureux, en fut le créateur. Cette feuille ne s'occupait que d'annonces, et avait pour titre : *Affiches, Annonces et Avis divers de l'arrondissement*; son premier numéro porte la date du 2 octobre 1824, et est du format in-8° raisin de 8 pages ; plus tard, elle parut sous le format petit in-folio de 4 pages.

En 1848, elle admit la littérature dans ses colonnes, et prit le titre de l'*Echo de Bernay*, qu'elle conserva jusqu'en avril 1850, époque à laquelle elle s'intitula : *Journal des Affiches, Annonces et Avis divers de l'arrondissement de Bernay*.

Par suite des mesures arbitraires de l'empire, ce journal fut désigné pour recevoir, " seul ", les annonces judiciaires et légales dont le produit s'éleva, du 15 décembre 1863 au 15 décembre 1864, à 6,639 fr. ; en 1864, à 6,015 fr 80 c. ;

en 1865, a 6,126 fr. 40 c. ; en 1866, à 7,352 fr. 40 c. ; en 1867-68, à 7,155 fr. 40 c.

Depuis le mois d'octobre 1865, ce journal fut bi-hebdomadaire, sous son ancien titre, jusqu'en 1872.

A cette date, Mme veuve Lefêvre, propriétaire-gérante de cette feuille, l'intitula *Journal de Bernay et de l'arrondissement*, et voulut le transformer en organe politique. A cet effet, elle déposa, le 19 juillet, le cautionnement exigé par la loi du 6 juillet 1871 ; mais sur l'avis qu'elle reçut qu'elle ne pouvait être gérante d'un journal politique, ce qui était une infraction aux lois, elle déclara, le 8 août suivant, cesser la partie politique. Depuis le 3 octobre 1872, ce journal n'est plus politique.

*
* *

2me JOURNAL

En 1829, un sieur Fournier, qui n'était qu'un prête-nom, publia à Bernay un journal mensuel intitulé " *l'Omnibus*, " « Journal politique, commercial et littéraire du département de l'Eure. » Quoique rédigé par des écrivains de talent et de mérite, cette feuille eut une existence courte et bien agitée, à cause de l'hostilité qu'elle souleva par sa critique spirituelle et hardie qui s'attaquait aux personnes les plus haut placées du département. Le premier numéro est daté de janvier 1820 ; il parut ensuite à intervalles irréguliers 10 numéros format in-8° de 32 pages, avec couverture de couleur.

Par suite de difficultés pour se faire imprimer à Bernay, et de poursuites dont il fut l'objet, ce journal se fit d'abord imprimer à Rouen, chez Baudry, et les numéros 11 et 12 parurent sous le titre de *Mémorial de l'Eure*, ci-devant l'*Omnibus*; 11 numéros furent ainsi publiés de novembre 1829 à septembre 1830.

La collection complète de la première série de ce journal, fort intéressant à plus d'un titre, comprenant 20 numéros dont un double, est fort rare à Bernay, et nous ne nous la sommes procurée qu'avec beaucoup de peine. (1)

En 1831 — suivant M. E. Frère — cette feuille reprit sa première dénomination : *l'Omnibus*, et se fit imprimer à Evreux; nous n'avons trouvé aucune trace de cette seconde série.

*
* *

En 1829, un sieur Réné Pelvey, ancien agent d'affaires, à Bernay, eut l'intention de créer le *Nouveau Journal d'Affiches, Annonces et Avis divers de l'Arrondissement de Bernay*, et il voulut contraindre le sieur Mathieu dit Mortureux et son frère Mortureux, à imprimer cette feuille, qui devait marcher de concert avec l'*Omnibus*. Le refus des imprimeurs susdits donna lieu à un procès, qui fit un certain

(1) Nous devons à l'obligeance de feu M. Nicolas, économe de l'hospice, Lambert, avoué, et Fichet-Lejard, d'avoir pu compulser la collection complète de cet intéressant journal.

bruit, et à une brochure intitulée : *Analyse du plaidoyer de Me Lys, avocat, pour MM. Mathieu et Mortureux, contre M. Pelvey* (1). Ce nouveau journal qui devait être politique, ne parut jamais.

*
* *

3e JOURNAL

Neuf ans plus tard, en 1839, une troisième feuille fut publiée par l'imprimerie Duval sous le titre de : " *Journal judiciaire de l'arrondissement de Bernay, Annonces et Avis divers.* " Le premier numéro parut sous le format petit in-folio, dans l'année 1839. Mais par suite du décret du 17 février 1852 sur la presse et les annonces légales, et d'arrangements intervenus à ce sujet entre les deux imprimeurs, ce journal disparut au 334me numéro.

Pendant 20 ans, le journal fondé par Mortureux resta donc seul, et avec le monopole des annonces légales ; mais le 12 janvier 1872, par suite du décret de Bordeaux de décembre 1870, Mlle I. Duval fit paraître un journal littéraire sous le titre : " *l'Avenir de Bernay, commercial, industriel, agricole,* etc. " Continuateur du précédent (2), ce journal fut d'abord bi-hebdomadaire, comme son concur-

---

(1) Bernay, de l'imprimerie Mathieu-Mortureux (1829) ; in-8° de 34 pages. — (Collection de M. Lair.).

(2) Le premier numéro de l'*Avenir de Bernay*, porte en effet, le n° 335.

rent, mais à cause du cautionnement exigé par la loi du 6 juillet 1871, il ne paraît plus, depuis longtemps, qu'une fois la semaine.

*
* *

4e Journal

En 1870, une quatrième feuille satirique dont l'existence fût bien courte, fut publiée à Bernay par M. Roussel, pharmacien sous le titre de : *la Vérité Normande*. Dix numéros illustrés, les uns autographiés, les autres imprimés typographiquement à Argentan, parurent sous divers formats et à des intervalles irréguliers, du 22 octobre 1870 au 28 avril 1871. La collection en est assez rare (1).

*
* *

5e Journal

En avril 1878, le sieur Veuclin déclara à la Préfecture qu'il avait l'intention de publier un journal hebdomadaire non politique, intitulé : " *le Moniteur de Bernay*."

Le premier numéro (spécimen), fût publié le 19 janvier 1879.

Depuis le 9 mars suivant, ce journal paraît régulièrement, et son tirage est le plus élevé des trois de la ville.

Au moment où nous écrivons, il est à son 33e numéro, et a subi une condamnation, le 7 août 1879, pour avoir traité de

(1) Nous devons à MM. Tortouin, Piquenard et Métayer d'avoir compulsé ces numéros.

matières politiques sans avoir déposé un cautionnement.

*
* *

Le 15 août 1868, le sieur Daufresne, imprimeur à Brionne, publia un journal hebdomadaire ayant pour titre *le Brionnais*. Cette feuille est, présentement, la seule politique qui existe dans l'arrondissement.

*
* *

Aux publications périodiques, il convient d'ajouter les almanachs, petits livres dont l'origine est si ancienne, et dont la vogue se maintient toujours. (1)

Le premier almanach spécial à notre contrée fut publié pour l'année 1855 (2) par la Société de Saint-Vincent-de-Paul, qui était alors puissante et comptait ses adhérents parmi les notabilités les plus éminentes ; le titre de ce livre est *Almanach de Bernay, au profit des pauvres de la Société de Saint-Vincent-de-Paul. — Conférence de Bernay.* — Lille, imprimerie Lefort ; in-16 de 128 pages. Cet almanach,

(1) Le plus aucien exemplaires connu du *Mathieu Lœnsberg* est daté de 1636. Exreux eut un almanach en 1749, Lisieux en 1764, Alençon en 1767.

(2) Dès 1846, la Société de Saint-Vincent-de-Paul avait un almanach spécial imprimé à Tours. Quoique vendu à Rouen et portant sur la couverture *Conférence de Bernay*, l'almanach pour 1847 ne renferme aucun renseignement sur l'arrondissement, mais il contient d'intéressants articles historiques sur Rouen et les environs.

fort bien rédigé et contenant, outre les renseignements administratis, des articles d'intérêt local, parut jusqu'en 1862 inclusivement, mais à cette date, il porta ce titre : *Almanach-Annuaire de Bernay et de l'arrondissement.* — Lille, imprimerie Lefort ; même format, mais avec un plus grand nombre de pages.

Nous pensons que cette publication cessa de paraître après 1862 ; la collection serait donc de 8 années. (1)

Cinq ans plus tard, Mlle Duval, imprimeur, eut la louable pensée de publier un almanach renfermant les adresses des principaux patentés de l'arrondissement ; malgré l'intérêt qu'offrait aux commerçants et au public cet utile ouvrage, il ne put subsister et cessa de paraître dès l'année suivante.

Dix ans s'écoulèrent, lorsqu'en 1871, le sieur Daufresne, le fervent imprimeur de Brionne, tenta une nouvelle épreuve et édita, pour l'année 1872, " l'Almanach-annuaire de l'arrondissement de Bernay, " contenant les adresses de tous les commerçants. Cet almanach a paru avec une lacune d'une année, jusqu'à l'année 1877 ; sa disparition est profondément regrettable, car il rendait de notables services, et en étendant davantage la partie littéraire, ce petit livre était appelé au même succès que ceux de l'Orne et du Calvados, qui subsistent toujours.

---

(1) Nous devons à l'obligeance de M. Gardin aîné, et de M. Puel, la communication des années 1855-57-58-62.

III

MOULINS A PAPIER

Cause de la lenteur de la fabrication du papier de chiffons par les anciens moulins à pilons, ces établissements étaient autrefois nombreux dans notre région.

Il y a quatre-vingts ans, on en comptait sept sur la petite rivière la Guiel, dans un parcours d'environ deux lieues, savoir :

1 à Ternant, à quelques pas de la source de cette rivière ;

1 à Saint-Laurent-du-Tencement, de création fort ancienne ;

2 à Saint-Denis-d'Augerons : l'un établi à une date inconnue, et l'autre en 1772 ;

2 à Montreuil-l'Argillé : l'un fondé en 1770 (1), et le second en 1797 ;

1 à Réville, dont l'origine était fort ancienne et inconnue. (2)

---

(1) Chaque papetier avait sa marque particulière en filigrane dans les feuilles sortant de son moulin ; voici celle du premier papetier de Montreuil : Deux vases surmontés d'une rose à six pétales et réliés par un fleuron lui-même surmonté d'une rose ; au-dessous : F. THIEULLIN. G. D'ALENÇON 1788. Il y a d'anciennes marques fort artistement composées ; c'est une étude à faire.

On trouve souvent dans la contrée, servant de plaques de cheminée, d'anciennes *piles* en fonte provenant des primitifs moulins à papier.

(2) Archives munic. de Bernay. — Industrie.

Il n'y en avait pas sur la Charentonne.

Sur la Risle étaient les plus anciens; nous avons trouvé traces de trois :

1 à Rugles ;

1 à Launay-Bigards ;

1 à Pont-Autou.

Ce dernier moulin est cité dans un titre de 1521. Il appartenait à l'abbaye du Bec qui avait « *droiture de donner mercq* » au papier qui s'y fabriquait. En 1769, ce moulin était en mauvais état et devait au monastère précité, en rentes seigneuriales, 15 liv. et *une rame de papier au pot*. (1)

En 1848, il subsistait encore dans notre arrondissement quelques moulins à papier, mais ils avaient perdu leur importance. Ceux de Montreuil étaient tombés en décadence ; on n'y faisait plus que du papier bulle et roux servant à empaqueter les clous. (2)

Actuellement, deux moulins à papier fonctionnent dans notre pays : celui de Saint-Denis-d'Augerons et celui de Montreuil ; ils ne font que du papier d'emballage, le dernier par les procédés mécaniques à la vapeur.

(1) Mémoires et notes de M. Le Prévost, t. II

(2) Congrès de l'Association Norm. à Bernay.

LIBRAIRES, PAPETIERS
ET RELIEURS

Jadis, la ville de Bernay seule avait des libraires. On sait que cette profession était entourée d'un arsenal de lois et d'édits qui en rendaient l'accès très difficile.

Les relieurs étaient à peu près indépendants. Quant à la vente au détail des papiers, encres, cires à cacheter, etc, elle était exclusivement réservée à la puissante corporation des marchands-merciers, dont les privilèges très étendus furent l'objet de nombreuses contestations avec les autres communautés de la ville, notamment en 1747, 1765 et 1770 avec les feronniers.

Voici les rares noms de libraires et de relieurs bernayens que nous avons receuillis dans les registres de comptes des églises de la ville et de la confrèrie de Charité de Chambrais.

1682 Payé à Nicolas Caplet pour faire le livre de la Charité de Chambrois, 15[l] 10[s]

Au sieur Courthois qui a fait (écrit ?) le dit Livre, 15 liv.

Pour avoir fait relier le Livre de la Charité à Lizieux, y compris la couverture, payé à l'imprimeur, 4 liv.

1698. Payé à Cantel, pour « rellier » led/ registre, 10 sols.

1698. Payé au libraire de Bernay, pour avoir raccommodé les Livres, 4 liv. 10 s.

1699. Payé à la f[me] de Ledieu libraire

la somme de 6 liv. 10 sols, pour avoir raccommodé 4 livres de profession et vendu un livre d'*In principio et Lavabo.*

Payé au compagnon de lad/ Ledieu la somme de 10 liv. sur plus grande somme qui lui estoit düe pour avoir raccommodé plusieurs livres de l'église.

L'organiste de la Couture, à la même époque, était payé pour réparer les livres de cette église. Etait-il relieur ?

En 1789, le sieur Antoine Dalandon ouvrit un magasin de librairie et un atelier de reliure. D'après un document de 1810, l'objet principal du commerce de Dalandon « était les livres de scolastiques et de « piété ; il ne vendait point de livres étran- « gers ; il prêtait autrefois des livres mo- « yennant rétribution, mais il a quitté au « bout de plusieurs années ; la profession « principale du dit était la reliure ; son « commerce était un mélange de quel- « ques livres scolastiques et de piété, de « papiers, registres, cartons et autres ob- « jets à l'usage des bureaux. » (1)

En 1816, il y avait 2 libraires à Bernay : Dalandon et Mortureux, l'imprimeur.

Actuellement, il existe 3 libraires-papetiers :

Leprince (1856), anciennes maisons Dalandon et Maroquesne réunies ;

Gentilhomme (1855), successeur et gen-

---

(1) Archives munic. de Berany. — Liasse J.

dre de Taillade ;

Veuclin (1871), successeur de Chasble-Duval, et auparavant libraire à Verneusses (1869).

Les relieurs sont au nombre de deux : Ledru, successeur de Leprince ; Delamotte, papetier, successeur de Mathieu et de Petit, papetier.

Voici maintenant la liste des libraires et relieurs exerçant dans l'arrondissement :

Brionne. — Daufresne, libraire, acquéreur de l'atelier de reliure de Grisy ; Heudes, libraire.

Montreuil-l'Argillé. — Veuve Roussel, libraire, successeur de D^lle Jehan ; Marais, libraire.

La Barre-en-Ouche. — Houlette, libr^re.

Beaumont-le-Roger. — Mme Seller, «

Notons enfin les Bibliothèques des Chemins de fer aux gares de Bernay et de Serquigny.

Dans l'arrondissement, quelques personnes s'occupent aussi de la vente des petits journaux de Paris et des publications périodiques à bon marhé.

PRIX DE QUELQUES ARTICLES

d'Imprimerie, de Librairie et de Papeterie AUX XVIIe ET XVIIIe SIÈCLES

1619. — Une main de papier, 2 sols 6 d. Un antiphonier et trois processionnaux,

18 s. ; Deux peaux de mouton pour couvrir l'antiphonier et les processionnaux, 23 sols.

1624. — Deux manuels d'église, 4 liv.

1682. — Une main de papier, 3 sols.

1685. — Six feuilles de papier fort pour raccommoder les livres, 21 sols.

1757. — Une main de papier ordinaire, 4 sols ; une main de papier de Hollande, 8 s. 20 feuilles de papier à lettre, 5 sols.

1770. — 3 rames de quittances pour le don gratuit, 30 liv. ; 30 pancartes pour le dit, 4 liv.

1773. — Une rame de circulaires pour les convocations d'assemblées de l'Hôtel-de-Ville, 10 liv. ; une rame de billets de logement pour des soldats, 12 livres (1); une demi rame d'ordres de fournir des voitures, 6 liv.

1777. — Prix marchand et de détail de l'*Encre de la Petite-Vertu :* Encre luisante, la pinte 36 sols, 52 sols ; d° d° double, 30 s. 41 s, ; d° commune, 20 s, 28 s. ; d° en baril, 12 s. 16 s. ; Encre en poudre, 4 liv. au public.

1777. — Prix marchand des *Cires d'Espagne* de Guyot, à Paris : Hollande musquée, 9 liv. ; d° ambrée, 8 ; d° sans odeur, 7 ; molle superfine à l'esprit-de-vin, 7 ; graveur, superfine, 6 ; brillante au clinquant, 6 ; graveur fine, 5 l. 10 s. ; d° ordinaire, 5 ; superfine de bureau, 4 l. 10 s.

(1) Nous possédons un de ces billets ; il y en avait 16 à la feuille pot.

fine de bureau, 4; passe fine, 3 l. 10 s.; ordinaire de bureau, 3; ordinaire, 2 l. 10; commune, 2; fine, à bouteille, 1 l. 10; ordinaire, 1; commune, 12 sols. (1)

1778. — 5 rames de billets de troupes, 60 liv.; une rame d'Etats pour les routes, 12 liv.

1785. — Un Code municipal, 3 l. 10 s.

1789. — 200 affiches du Comité, 12 liv. 300 exemplaires du Mémoire sur les droits féodaux (contenant une feuille et demie), 27 livres.

ADDITIONS

Cette notice, commencée en 1879, n'a été terminée qu'en 1883. Voici les renseignements complémentaires que nous pouvons fournir :

Page 3, note 1. — Présentement, on connaît trois exemplaires de cet *Horace*, qui parut à Caen le 6 juin 1480; le premier, sur velin, appartient à la bibliothèque de lord Spencer, à Londres; le second, sur papier, est l'un des joyaux de la Bibliothèque nationale, à Paris; le troisième, sur vélin, figurait, sous le n° 1515, au catalogue de la bibliothèque *Sunderland*, vendue aux en-

---

(1) Nous avons trouvé plusieurs prospectus du fabricant de l'Encre de la Petite-Vertu, en 1777; nous les avons cédés au directeur du journal *Les Arts Libéraux*, qui en a rendu compte dans le n° de juillet 1882. Nous avons ainsi appris que l'Encre de la Petite-Vertu, qui subsiste encore, fut inventée, en 1602, par J.-L. Guyot.

enchères publiques, en juin 1882. (*Nouvelle de Rouen*)

Page 9, 12e ligne. — Signature d'un des premiers imprimés : « A Bernay, de l'Imprimerie de PHILIPPES LALONDE, 1793. »

Page 15, 11e ligne. — Vers 1812, eut lieu l'association des frères Mortureux. On voit leur signature au bas de travaux typographiques exécutés en la dite année.

21e ligne. — En 1839, D. Mortureux utilisait encore les caractères de l'imprimerie de 1792.

Page 17, 10e ligne. — Après une courte association, trop longue pour les intérêts et la réputation de Veuclin, celui-ci, ayant obtenu une dissolution, racheta, le 20 juin 1880, la plus grande partie du matériel et y ajouta quelque nouveaux caractères. Aujourd'hui, sans avoir jamais appris le métier de typographe, Veuclin exploite *entièrement seul* sa modeste imprimerie dont il est à la fois le rédacteur en chef, le compositeur et l'homme de peine.

Page 18, 4e ligne. — En outre, plusieurs officiers ministériels et des particuliers possèdent des imprimeries autographiques qu'ils emploient pour leur usage personnel.

Page 21, 13e ligne. — Le n° 66 du journal édité par Duval est daté du 30 mai 1840 ; format in-8° carré de 8 pages ; l'abonnement était de 15 fr. par an. La littérature était aussi étrangère à cette feuille.

Page 22, 4e ligne. — Depuis mai 1883, l'*Avenir de Bernay* est bi-hebdomadaire. Le rôle politique qui lui est imposé est celui de républicain anti-clérical.

Page 23, 2e ligne. — Le 25 juin 1880, Veuclin modifia ainsi le titre de son journal : *Le Bernayen. — Moniteur de Bernay et de l'arrondissement.*

Le 6 juillet suivant, il fit une édition spéciale au canton de Beanmont-le-Roger. D'abord intitulée : *Les Echos de la Risle*, cette édition paraît maintenant, depuis le 6 janvier 1883, sous le titre : *La Gazette de Beaumont-le-Roger et du canton.*

Le 4 décembre 1880, Veuclin fit aussi de sa feuille une troisième édition qu'il appela : *Le Moniteur du Pays-d'Ouche, journal de Beaumesnil, la Barre-en-Ouche, Montreuil-l'Argillé et Broglie.*

La moyenne du tirage de ces trois éditions réunies est de 1,200 exemplaires.

Conservateur et indépendant, le *Bernayen* a l'honneur d'être détesté du clan républicain actuel dont il dévoile hardiment les sottises et les turpitudes.

Récemment, une coalition démocratique s'est formée pour abattre cet audacieux petit journal ; elle n'a réussi qu'à lui attirer les sympathies et l'appui du parti conservateur qu'il avait défendu à ses risques et périls.

Page 23, note 1. — Alençon eut un Almanach en 1797.

Page 23, note 2, 4e ligne. — Lire : *Conférence* au lieu de *Confrérie*.

Page 24, 19e ligne. — En 1870, M. Daufresne publia l'*Almanach des Foires de Normandie, pour* 1871.

Page 24, dernière ligne. — En 1879, Melle Duval essaya une dernière tentative et fit l'*Almanach commercial et industriel de la ville de Bernay et de l'arrondissement — Année* 1880. — *Prix*: 35 *centimes*. — Quoique conçu sur un plan plus vaste que ses aînés, cet almanach ne vécut qu'une année et n'a pas encore eu de successeur.

aintenant, il ne nous reste plus qu'à regretter de n'avoir pu trouver, pour compléter cette notice un peu décousue, UN SEUL MOT sur l'imprimerie locale dans l'étonnante *Histoire de Bernay et du canton*, couronnée, en 1874, par la Société libre de l'Eure (section de Bernay).

Cette lacune est d'autant plus fâcheuse que le lauréat, qui s'est révélé si inopinément historien et archéologue, a fait des découvertes historiques et archéologiques tellement merveilleuses et incroyables qu'elles doivent l'immortaliser en le consacrant chef d'une école nouvelle.

On comprendra nos regrets quand on saura que l'auteur de cette Histoire couronnée et chantée dans les feuilles publiques, à découvert entre autres choses extraordinaires, les suivantes :

1° Un moulin, ayant pêcheries et cours d'eau, renfermé dans le « manoir de Rokemont » situé au *sommet* du versant droit de la Charentonne (pages 21 et 105) et peut-être à 300 mètres de cette rivière.

2° L'acte de fondation, en 1001, de l'abbaye de Fécamp (page 48), qui existait pourtant, assurent les chroniques, au 7e siècle.

3° L'acte de naissance, à Bernay, de Taillefer, le compagnon de Guillaume-le-Conquérant (pages 58 et 61), que Gabriel Dumoulin, historien sérieux lui, appelait simplement « un cavalier normand. »

4° Des titres constatant que l'ancienne église paroissiale de la Couture était la chapelle S. Germain, laquelle était le lieu d'un pèlerinage célèbre au moyen-âge et remontant tellement loin dans la nuit des temps (p. 146.) que l'abbé Bertre, en 1667 et Foucques d'Asnières, en 1765, n'en avaient jamais entendu parler.

5° Un Livre de la Charité de Ste-Croix, daté de 1418 (p. 150) et qui a échappé aux actives recherches des véritables savants MM. l'abbé Blais, Sainte-Marie Mévil, Le Prevost, lesquels n'ont pu trouver qu'un registre plus jeune d'un siècle.

6° La feuille de route de 200 piétons s'embarquant à Honfleur, en 1539, pour le Canada. (Page 191). M. Canel ne savait pas cela.

7° Une attaque de Bernay, le 9 juin 1589 (page 201), attaque ignorée des contemporains, lesquels n'ont signalé que celle du 19 juin. (Voir le Livre de la Charité des Cordeliers. - Collection de Melle Boudin-Blondel).

8° Un étang, en 1781, dans la rue du Pont-Ravet (page 261). On ne connaissait jusqu'à présent que l'étang de Cosnier.

9° Des faits renversants sur les 8 canons du château de Broglie (pages 288-289) ; faits entièrement opposés à la notice que nous avons publiée sur cette artillerie d'après des titres authentiques que l'on peut voir aux archives municipales de Bernay.

10° Des détails plus circonstanciés encore que ceux rapportés dans la brochure de M. Lambert sur le combat du 21 janvier 1871 (pages 331-345), que notre historien couronné vit comme Crillon vit Arques.

11° Un style ogival *flamboyant* du XIVe siècle (pages 351, 389, 400).

12° Des croisées *ogivales* (page 357) de la fin du XVIIe siècle et que M. Raymond Bordeaux, en 1848, a appelées fenêtres à *plein-cintre*.

13° Une vallée des Bruges, à Corneville-la-Fouquetière. (p. 373).

14° Un style « moyen âge » désignant des églises romanes. (p. 393, 402).

15° A l'église de St-Léger-du-Bosedel,

une porte romane décrite exactement (pages 394-395) comme celle que Mr A. Le Prevost a vue et dessinée, en 1829, à l'église de Rotes, située à 3 kilomètres de là, où cette porte existe encore.

16° Des vitraux de la Renaissance donnés à l'église de Serquigny, il y a 2 siècles, par des personnes qui vivent encore. (p. 481).

L'histoire de l'imprimerie bernayenne a donc beaucoup perdu à ne pas être traitée par notre fameux auteur médaillé, lequel, ayant encore récemment découvert un pont romain à Serquigny, et sur ce pont, qui repond, de la poussière provenant des chaussures des légions de Jules César, eût certainement découvert aussi les premières *balles* de l'abbé Andrieu, l'imprimeur trop peu connu de Goupillières.

Puisse cette notice, toute imparfaite qu'elle est, être acceuillie avec bienveillance par les bibliophiles auxquels nous la dédions ; cela nous fera plus de plaisir qu'une grande médaille de complaisance !

On lit dans *Le Bernayen*. n° du 30 Juin 1883 :

AVIS IMPORTANT

MILLE FRANCS sont offerts à la personne qui nous procurera un exemplaire de l'ouvrage ci-dessous, annoncé, il y a 4 ou 5 ans, dans le " Journal de Bernay ", comme suit :

VENTE AU RABAIS

Deuxième édition de

L'Histoire de Bernay

PAR A. GOUJON

A 6 francs le Volume

Seul dépositaire Léon GENTILHOMME, libraire à Bernay. 3—1

Cette nouvelle édition, assurément *revue, corrigée* et considérablement *augmentée*, doit certainement donner des renseignements inédits sur l'Imprimerie locale et sur les choses stupéfiantes qui ont fait enlever si rapidement la première édition.

Au moment de mettre sous presse, un historien local, qui s'est déjà occupé du livre de M. Goujon (1), nous affirme que la *seconde édition* annoncée et offerte *au ra-*

---

(1) Alex. Gardin. — *Etude critique sur l'Histoire de Bernai de M. Goujon. — Les Erreurs couronnées (préface)*. — 1876, in-8° de 8 p. imp. à 50 ex. par Cagnant, à Argentan.

bais est tout simplement le « bouillon » de la première qui, malgré la chaude reclame de MM. A. Belval, Henri Gérard et de l'auteur lui-même dans ses ronflants discours, a eu un fiasco complet même près du Conseil général de l'Eure.

Malgré cette affirmation, ne pouvant croire qu'un auteur couronné par la Société libre de l'Eure (section de Bernay) ait agit comme un vulgaire charlatan en lançant une annonce mensongère, nous maintenons notre proposition de payer MILLE FRANCS un exemplaire de l'introuvable *deuxième édition*, revue, corrigée et augmentée, de l'incomparable livre de M. A. Goujon.

www.ingramcontent.com/pod-product-compliance
Ingram Content Group UK Ltd.
Pitfield, Milton Keynes, MK11 3LW, UK
UKHW020951220726
13924UKWH00002B/624